BEI GRIN MACHT SICH IHR WISSEN BEZAHLT

Docker auf Raspberry Pis. Technische Grundlagen und Prototyping

Andreas Schurr

Bibliografische Information der Deutschen Nationalbibliothek:

Die Deutsche Nationalbibliothek verzeichnet diese Publikation in der Deutschen Nationalbibliografie; detaillierte bibliografische Daten sind im Internet über http://dnb.d-nb.de abrufbar.

ISBN: 9783346546524
Dieses Buch ist auch als E-Book erhältlich.

Druck und Bindung: Books on Demand GmbH, Norderstedt Germany
Gedruckt auf säurefreiem Papier aus verantwortungsvollen Quellen

Das vorliegende Werk wurde sorgfältig erarbeitet. Dennoch übernehmen Autoren und Verlag für die Richtigkeit von Angaben, Hinweisen, Links und Ratschlägen sowie eventuelle Druckfehler keine Haftung.

Das Buch bei GRIN: https://www.grin.com/document/1151596

Berufsbegleitender Studiengang zum
IT Management - Master

1. Semester

Seminararbeit in IT-Architekturen

Docker auf Raspberry Pis - Technische Grundlagen und Prototyping

Autor:　　　　　　Andreas Schurr

Inhaltsverzeichnis

Abkürzungsverzeichnis III

Abbildungsverzeichnis IV

Tabellenverzeichnis V

1   Einleitung 1

    1.1   Problemstellung 1

    1.2   Zielsetzung 1

    1.3   Vorgehensweise 1

2   Theoretische Grundlagen 3

    2.1   Container Technologie 3

    2.2   Container Orchestrierung 5

    2.3   Docker Swarm 7

3   Prototyp einer Docker Infrastruktur auf dem Raspberry Pi 10

    3.1   Prototyping 10

    3.2   Komponenten 12

    3.3   Umsetzung 15

    3.4   Kritische Würdigung 19

4   Schlussbetrachtung 20

Literaturverzeichnis 22

Quellenverzeichnis 22

Anhang 23

Abkürzungsverzeichnis

CLI	Command Line Interface
CI/CD	Continous Integration/Continous Development
DevOps	Development und Operating
VM	Virtuelle Maschine
Raspi	Raspberry Pi Model 3B+

Abbildungsverzeichnis

Abbildung 1: Architektur Virtualisierung und Container 4

Abbildung 2: Muster der Prototypen 11

Abbildung 3: Raspberry Pi 3B+ 12

Abbildung 4: Architektur Docker 13

Abbildung 5: Docker Images auf dem Raspi 17

Abbildung 6: Apache Server im Container auf dem Raspi 17

Abbildung 7: Raspi-Docker-Architektur 18

Tabellenverzeichnis

Tabelle 1: Anwendungsgebiet nach Technologie 5
Tabelle 2: Eigenschaften Docker Swarm 8
Tabelle 3: Komponenten Docker Architektur 14
Tabelle 4: Docker Images auf dem Raspi 16

1 Einleitung

1.1 Problemstellung

Für die elektronische Datenverarbeitung werden unterschiedlichste Ressourcen benötigt. Der Bedarf variiert je nach Komplexität der Funktion oder Anwendung. Damit diese Ressourcen so effizient wie möglich genutzt und horrende Kosten vermieden werden können, muss der Bedarf optimal ermittelt und realisiert werden können. Der Wert einer Applikation steigt im Zeitalter der Cloud vom Vernetzungs- bzw. Verbreitungsgrad.[1] Das daraus entstehende Problem ist demnach die Ermittlung einer effizienten Lösung, für die Bereitstellung von skalierbaren und verteilten Anwendungssystemen.

1.2 Zielsetzung

Das Ziel der vorliegenden Arbeit ist es, einen Raspberry Pi Prototyp zu entwickeln welcher die Container-Technologie nutzt. Die sich daraus ableitende Forschungsfrage lautet: „Ist es möglich skalierbare verteilte Anwendungen auf einem Raspberry Pi durch nutzten der Container-Technologie bereitzustellen?" Die Forschungsfrage soll durch das Ergebnis, ob es möglich ist skalierbare verteilte Anwendungen auf einem Raspberry Pi zu nutzen, beantwortet werden.

1.3 Vorgehensweise

Die vorliegende Arbeit soll zeigen, wie skalierbare verteilte Anwendungen mittels Einsatzes von Container-Technologien am Beispiel eines Raspberry Pi Prototyps umgesetzt werden können.

In *Kapitel 2* werden deshalb zunächst die Grundlagen zur Container-Technologie vermittelt. Die Begriffe und Definitionen, welche für den weiteren Verlauf der Arbeit essenziell sind, werden zu Beginn erläutert. Ebenso wird auf das Thema Container Orchestrierung eingegangen. Darauf folgt die Beschreibung eines Docker Swarm.

---

[1] Vgl. Büst, R. (2016), Container-Technologie, https://t3n.de/magazin/ueber-container-technologie-wissen-musst-docker-gehts-240047/

Im Anschluss wird in *Kapitel 3* das Anwendungsbeispiel vorgestellt. Hierzu wird zuerst definiert was unter Prototyping zu verstehen ist. Danach werden alle nötigen Komponenten erläutert, gefolgt von der technischen Umsetzung. Das Kapitel wird durch die Kritische Würdigung abgeschlossen, enthalten sind Abbildungen.

Kapitel 4 widmet sich der Schlussbetrachtung und der Beantwortung der Forschungsfrage gegenüber der Verwendung von Container-Technologien am Anwendungsbeispiel. Final folgt ein Fazit.

2 Theoretische Grundlagen

2.1 Container Technologie

Die Container Technologie beschreibt ein Vorgehen zum Verpacken und Ausführen von beispielsweise Linux- und Windows-Anwendungen, die in verschiedenen Umgebungen in der Cloud oder lokal eingesetzt werden können.[2] Hierbei wird eine isolierte, schlanke Umgebung bereitgestellt, in welcher Apps einfacher entwickelt, verwaltet sowie bereitgestellt werden können.[3] Die Container können hierdurch schnell gestartet und beendet werden, dies eignet sich daher ideal für Apps, welche sich schnell an einem sich ändernden Bedarf anpassen müssen.[4] Dies geht damit einher, dass alle zur Ausführung benötigten Dateien über ein eigenes Image bereitgestellt werden.[5] Diese sind von der Entwicklung über die Testphase bis hin zur Produktion stehts konsistent und portierbar.[6] Neben der Container-Technologie lassen sich durch Virtualisierung auf einem einzelnen physischen Hardware-System mehrere dedizierte oder simulierte Ressourcen bereitstellen.[7] Im Wesentlichen teilen sich Container den gleichen Betriebssystem-Kernel, die Anwendungsprozesse werden aber vom Rest des Systems isoliert.[8] Wohingegen die Virtualisierung das gleichzeitige Ausführen mehrerer Betriebssysteme auf einem einzigen Hardware-System ermöglicht.[9] Ein Container basiert auf dem Kernel, allerdings werden nicht alle Dienste und APIs bereitgestellt, welche eine App ausführen muss.[10] Dies wird durch Systemdateien (Bibliotheken) realisiert.[11] Diese können wiederum in einem Basisimage vereint werden, welches als grundlegende Ebene dient und stellen somit eine Sammlung von in Schichten organisierter Dateien dar.[12] Die folgende Abbildung illustriert den wesentlichen Architekturunterschied zwischen Containern und Virtualisierung (Virtuellen Maschinen).

---

[2] Vgl. Microsoft (2019), Windows und Container, https://docs.microsoft.com/de-de/virtualization/windowscontainers/about/
[3] Vgl. ebd.
[4] Vgl. ebd.
[5] Vgl. RedHat (o. J.), Linux-Container, https://www.redhat.com/de/topics/containers/whats-a-linux-container
[6] Vgl. ebd.
[7] Vgl. ebd.
[8] Vgl. ebd.
[9] Vgl. ebd.
[10] Vgl. Microsoft (2019), Windows und Container, https://docs.microsoft.com/de-de/virtualization/windowscontainers/about/
[11] Vgl. ebd.
[12] Vgl. ebd.

Abbildung 1: Architektur Virtualisierung und Container[13]

Quelle: eigene Darstellung.

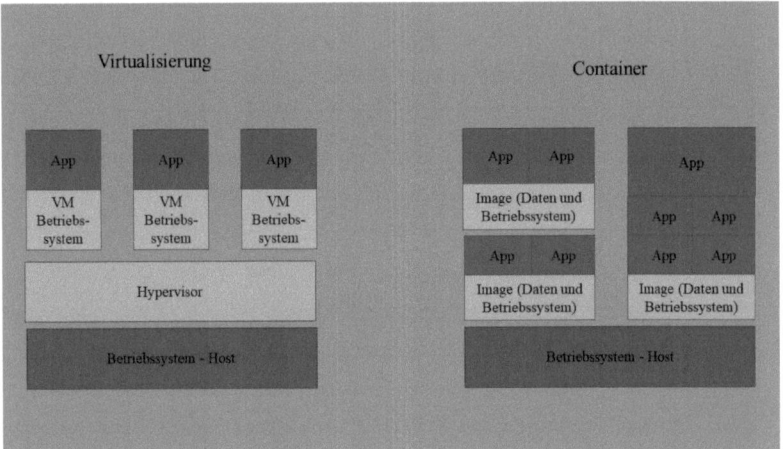

Wie in *Abbildung 1* zu sehen, wird bei der Containerisierung nur die App(s) und alle zum Ausführen erforderlichen Dateien paketiert.[14] Des Weiteren werden je nach Anwendungsfall zusätzliche Funktionen paketiert, welche bestimmte Aufgaben (Microservices) ausführen.[15] Hierbei werden Container in Megabyte gemessen was ein verschieben in andere Umgebungen durch die geringe Größe und ein gemeinsam genutztes Betriebssystem vereinfacht.[16] Virtuelle Maschinen werden im Gegensatz zu den Containern in Gigabyte gemessen und enthalten ihr eigenes Betriebssystem auf welchem mehrere ressourcenintensive Funktionen auf einmal ausgeführt werden können.[17] Hierdurch können VMs Server, Desktops, Netzwerke oder Betriebssysteme aufteilen, duplizieren, emulieren und abstrahieren.[18] Des Weiteren kommt in der Virtualisierung der Hypervisor zum Einsatz, welcher Ressourcen von ihren physischen Geräten trennt, partitioniert und können von

---

[13] In Anlehnung an: RedHat (o. J), Virtualisierung, https://www.redhat.com/de/topics/containers/whats-a-linux-container
[14] Vgl. RedHat (o. J.), Vergleich: Container oder VMs?, https://www.redhat.com/de/topics/containers/containers-vs-vms
[15] Vgl. ebd.
[16] Vgl. ebd.
[17] Vgl. ebd.
[18] Vgl. ebd.

VMs reserviert werden.[19] Folgende Tabelle illustriert die jeweilige Technologie nach Anwendungsgebiet:

Tabelle 1: Anwendungsgebiet nach Technologie[20]

Quelle: eigene Darstellung.

VM	Container
Implementierung von traditionellen, Monolitischen- und Legacyworkloads	Implementierung von cloudnativen Apps
Isolation schwieriger und riskanter Entwicklungszyklen	Paketierung von Microservices
Provisionierung von Infrastrukturressourcen wie Server, Daten oder Netzwerk	Einführung von CI/CD oder DevOps Praktiken
Schachtelung aus Ausführung von einem Betriebssystem und einem anderen	Verschiebung von skalierbaren IT-Projekten/Anwendungen in einer uneinheitlichen IT-Umgebung unter einem gemeinsamen Betriebssystem

2.2 Container Orchestrierung

Die Automatisierung vom Deployment, der Verwaltung, der Skalierung und der Vernetzung von Containern erfolgt durch die Orchestrierung.[21] Beide Komponenten können auf beliebigen Umgebungen eingesetzt werden, z. B. in der Cloud oder On-Premise.[22] Die Orchestrierung ermöglicht die Bereitstellung einer Anwendung ohne besondere Anpassungen für verschiedene Umgebungen, dies ermöglicht beispielsweise eine vereinfachte Orchestrierung von Storage, Services und Networking durch Microservices in Containern.[23] Folgende Aufgaben können durch die Orchestrierung von Containern automatisiert werden:

---

[19] Vgl. RedHat (o. J.), Was ist Container-Orchestrierung?, https://www.redhat.com/de/topics/containers/what-is-container-orchestration
[20] In Anlehnung an: RedHat (o. J.), Vergleich: Container oder VMs?, https://www.redhat.com/de/topics/containers/containers-vs-vms
[21] Vgl. RedHat (o. J.), Was ist Container-Orchestrierung?, https://www.redhat.com/de/topics/containers/what-is-container-orchestration
[22] Vgl. ebd.
[23] Vgl. ebd.

- Deployment und Provisionierung,

- Planung und Konfiguration,

- Zuweisung von Ressourcen,

- Verfügbarkeit von Containern,

- Entfernung oder Skalierung von Containern zur gleichmäßigen Anpassung des Workloads,

- Traffic Routing und Load balancing,

- Überwachung des Containerzustands

- Sicherung von Interaktionen zwischen Containern und

- Konfiguration von Anwendungen basierend auf dem Container, in welchem sie ausgeführt werden.[24]

Die Konfiguration einer Anwendung erfolgt entweder durch eine YAML- oder JSON-Datei, welche dem Konfigurationsmanagement Tool mitteilt, wo sich die Container Images befinden, wie ein Netzwerk eingerichtet wird und wo Logdateien gespeichert werden sollen.[25] Das Management Tool plant bei jedem Deployment eines neuen Containers die Bereitstellung in einem Cluster anhand der definierten Einschränkungen bzw. Anforderungen.[26] Ebenso wählt das Tool den passenden Host und überwacht den Lifecycle des Containerns basierend auf den angegebenen Spezifikationen der Erstellungsdatei.[27]

---

[24] Vgl. ebd.
[25] Vgl. ebd.
[26] Vgl. ebd.
[27] Vgl. ebd.

2.3 Docker Swarm

Ein Docker Swarm besteht aus mehreren Docker Hosts, die im Schwarmmodus ausgeführt werden.[28] Ein Docker Host kann als ein Manager (zur Verwaltung der Mitgliedschaft und Delegation) oder ein Workerknoten (die Aufgaben ausführen) fungieren.[29] Im Schwarmmodus übernimmt Docker zudem die Überwachung und Verwaltung von bereits definierten und laufenden Diensten (Containern), fällt beispielsweise ein Worker aus, plant Docker die Aufgaben dieses Knotens für einen anderen Knoten ein.[30] Auf einem einzelnen oder verteilten physischen Computer oder Server können mehrere Konten ausgeführt werden.[31] Des weiteren können Konfigurationen eines Dientes, einschließlich der Ressourcen und Netzwerke mit denen er verbunden ist, geändert werden, ohne dabei den Dienst manuell neu starten zu müssen.[32] Auf einem Docker Host können Swarmservices und Stand-Alone Container ohne Einschränkungen parallel ausgeführt werden.[33] Im Wesentlichen ist hierbei nur zwischen der Verwaltung zu differenzieren, während Stand-Alone Container auf jedem beliebigen Daemon gestartet werden können, kann ein Swarm nur von einem Swarm-Manager verwaltet werden.[34] Die Docker Daemons können an einem Swarm als Worker, Manager oder als beides partizipieren.[35] Um den gewünschten Zustand eines Swarms aufrecht erhalten zu können, führen Managerknoten Clusterung- und Orchestrierungsfunktionen aus, wobei unter mehreren Managerknoten ein einzelner Master Manager Knoten, automatisch oder manuell, ausgewählt wird.[36] Die von den Managerknoten delegierten Aufgaben werden von den Worker empfangen und ausgeführt.[37] Der Worker bereitet dabei ständig an den Managerknoten über den Zustand der delegierten und ausgeführten Aufgabe.[38] Folgende Tabelle illustriert die Eigenschaften von Docker Swarm.

---

[28] Vgl. Docker (o. J.), What is a swarm?, https://docs.docker.com/engine/swarm/key-concepts/
[29] Vgl. ebd.
[30] Vgl. ebd.
[31] Vgl. ebd.
[32] Vgl. ebd.
[33] Vgl. ebd.
[34] Vgl. ebd.
[35] Vgl. ebd.
[36] Vgl. ebd.
[37] Vgl. ebd.
[38] Vgl. ebd.

Tabelle 2: Eigenschaften Docker Swarm[39]

Quelle: eigene Darstellung.

Eigenschaft	Beschreibung
Clustermanagement	Erstellung eines Swarms per CLI mit Definition und Bereitstellung von Anwendungsdiensten. Eine Orchestrierung ist optional.
Dezentraler Aufbau	Docker unterschiedet nicht zwischen Knotenrollen sondern spezialisiert zur Laufzeit, was die Bereitstellung beider Arten von Knoten (Manager/Worker) ermöglicht. Somit kann ein ganzer Swarm anhand eines einzigen Images erstellt werden.
Deklaratives Dienstmodell	Im Stack kann der Zustand verschiedener Dienste definiert werden. So kann beispielsweise eine Anwendung beschrieben werden, welche aus einem Front- und Backend mit Messaging Schicht besteht.
Skalierung	Für jeden Dienst wird eine Anzahl von Tasks per Default festgelegt. Wird die Anzahl erhöht oder verringert, passt sich der Swarm-Manager automatisch an, indem er Aufgaben entfernt oder hinzufügt, um dem gewünschten Zustand zu entsprechen.
Zustandsabgleich	Der Clusterstatus wird ständig vom Swarm-Manager überwacht und vergleicht den gegebenen Ist-Zustand mit dem Soll-Zustand.

---

[39] In Anlehnung an: Docker (o. J.), Swarm, https://docs.docker.com/engine/swarm/

	Fällt beispielsweise ein Host für Replikate aus, erstellt der Swarm-Manager neue Replikate die verfügbaren Worker zugewiesen werden.
Multi-host Netzwerke	Der Swarm-Manager ordnet Containern im Overlay Netzwerk automatisch Adressen zu, sobald diese initialisier oder aktualisiert werden.
Service-Erkennung	Jedem Dienst im Swarm wird ein eindeutiger DNS-Name zugewiesen. Somit können laufende Container identifiziert und ein Lastausgleich einfacher realisiert werden. Der DNS-Server kann sich innerhalb oder außerhalb des Swarms befinden.
Load Balancing	Für externe Load Balancer können die Ports der Dienste innerhalb des Swarms festgelegt werden, ebsno wie die Container auf die Knoten verteilt werden sollen.
Security	Jeder Knoten im Swarm erzwingt eine gegenseitige TLS-Authentifizierung und Verschlüsselung. Alternativ können für die Kommunikation auch eigene Zertifikate verwendet werden.
Bereitstellung (rolling updates)	Die Service Updates können inkrementell zum Zeitpunkt den Rollouts angewendet werden. Der Swarm-Manager kann eine Verzögerung zwischen der Bereitstellung auf verschiedenen Knoten erzwingen. Tritt beim Rollout ein Fehler auf, kann auf eine frühere Version zurückgekehrt werden.

3 Prototyp einer Docker Infrastruktur auf dem Raspberry Pi

3.1 Prototyping

Prototypen werden dazu genutzt, um bei einer Soft- oder Hardware Entwicklung frühzeitige kritische Aspekte aufzeigen zu können.[40] Ebenso können Diskrepanzen bzgl. der Vorstellung der Anwender sowie der Realisierungsoptionen zeitnah abgeglichen werden, da kritische Funktionen unter realitätsnahen Umständen realisiert werden können.[41] Dies kann auf die Funktionsweise bezogen schrittweise (evolutionäres Prototyping) oder bezogen auf die Realisierungsoption ausprobiert und verglichen werden (experimenteller Prototyping).[42] Durch den Prototypen erhalten Entwickler und Anwender ein Gefühl für das System. Zum einen werden die Anforderungen der Anwender klar die die Entwickler veranschaulicht, zum anderen wird den Anwendern klar dargestellt was am Ende des Projektes realisiert werden kann.[43] Ein Prototyp stellt dabei keine ad-hoc Vorgehensweise dar, vielmehr wird zur Evaluierung ein systematisierter und ablauffähiger Demonstrator erstellt.[44] Es drei verschiedene Arten von Prototypen:

- Labormuster werden dazu eingesetzt, um technische Fragestellungen zu untersuchen bzw. die Architektur zu beurteilen,

- Demonstratoren dienen dazu, in der Akquise grob die Richtung aufzuzeigen, in welche sich das Projekt entwickeln kann und

- Pilotsysteme sind Prototypen, die bereits die Anwender mit einbeziehen, da große Teile der finalen Funktionen implementiert sind und zur Bewertung des Systems genutzt werden können.[45]

In der Regel werden Prototypen nach zwei verschiedenen Mustern erstellt. Dies illustriert die folgende Abbildung.

---

[40] Vgl. Kuhrmann, M. (2012), Prototyping, http://www.enzyklopaedie-der-wirtschaftsinformatik.de/lexikon/is-management/Systementwicklung/Vorgehensmodell/Prototyping/index.html
[41] Vgl. ebd.
[42] Vgl. ebd.
[43] Vgl. ebd.
[44] Vgl. ebd.
[45] Vgl. ebd.

Abbildung 2: Muster der Prototypen[46]

Quelle: eigene Darstellung

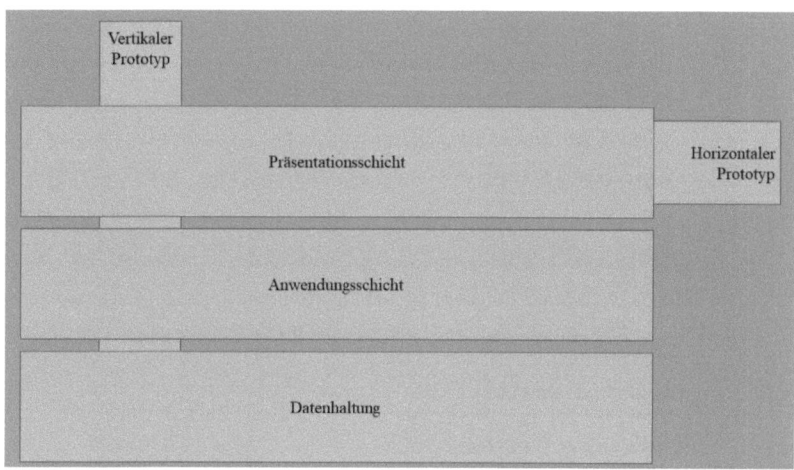

Um ausgewählte Aspekte in Gänze aufzeigen zu können, werden vertikale Prototypen genutzt.[47] Diese Art implementiert komplexe Funktionalität über alle Schichten der Architektur hinweg welche dem Anwender zur Prüfung demonstrieren werden können.[48] Soll hingegen nur ein bestimmter Bereich der Architektur veranschaulicht werden, wird der horizontale Prototyp genutzt.[49] Üblicherweise sind dies GUI Prototypen, die ohne eine darunterliegende technische Umsetzung eine Benutzerschnittstelle demonstrieren.[50]

---

[46] In Anlehnung an: Kuhrmann, M. (2012), Prototyping, http://www.enzyklopaedie-der-wirtschaftsinfor-matik.de/lexikon/is-management/Systementwicklung/Vorgehensmodell/Prototyping/index.html
[47] Vgl. Kuhrmann, M. (2012), Prototyping, http://www.enzyklopaedie-der-wirtschaftsinformatik.de/lexi-kon/is-management/Systementwicklung/Vorgehensmodell/Prototyping/index.html
[48] Vgl. ebd.
[49] Vgl. ebd.
[50] Vgl. ebd.

3.2 Komponenten

Der Raspberry Pi 3 Model B+ (Raspi) gehört zu den Einplatinencomputern und basiert auf der 64-Bit ARM Core Architektur mit einer 1,4GHz Taktung je Kern.[51] Betrieben wird der Raspi bei einer Spannung von 5V und einer Stromstärke von 2,5A, alternativ kann der Raspi auch durch Power-over-Ethernet betrieben werden.[52] Des Weiteren verfügt der Raspi über 1GB LPDDR2 SDRAM sowie ein VideoCore IV mit einer Taktung von 400MHz. Hinzu kommen 40 GPIO Pins, ein 300Mbps Ethernet Anschluss, ein 2,4GHz und 5Hz IEEE 802.11.b/g/n/ac WiFi Anschluss sowie vier USB 2.0 Schnittstellen.[53] Als Videoschnittstelle steht ein HDMI Anschluss zur Verfügung.[54] Der Raspi unterstützt außerdem SD-Karten, um beispielsweise das Betriebssystem oder weitere Dateien bereit zu stellen.[55] Folgende Abbildung veranschaulicht den Raspi mit zusätzlich angebrachten Aluminiumlamellen auf CPU und RAM, die eine passive Kühlung ermöglichen.

Abbildung 3: Raspberry Pi 3B+

Quelle: eigene Darstellung.

---

[51] Vgl. Raspberry Pi Foundation (o. J.), Raspberry Pi Model 3B+, https://static.raspberrypi.org/files/product-briefs/Raspberry-Pi-Model-Bplus-Product-Brief.pdf
[52] Vgl. ebd.
[53] Vgl. ebd.
[54] Vgl. ebd.
[55] Vgl. ebd.

Für die Nutzung von Containern wird Docker auf dem Raspi (On Premise) installiert. Docker ist ein Open-Source-Projekt, welches das automatisierte bereitstellen von in Container organisierten Anwendungen oder Applikationen ermöglicht.[56] Docker nutzt hierfür die Eigenschaften des Linux-Kernels.[57] Hierbei lassen sich Ressourcen wie Prozessor, RAM, Speicher oder Netzwerk ohne den Start einer VM isolieren.[58] Durch die Isolierung und damit einhergehende Sicherheit können mehrere Docker gleichzeitig auf einem Host ausgeführt werden und stellt somit eine schnelle und konsistente Bereitstellung für Anwendungen dar.[59] Folgende Abbildung illustriert die Docker Architektur.

Abbildung 4: Architektur Docker[60]

Quelle: eigene Darstellung.

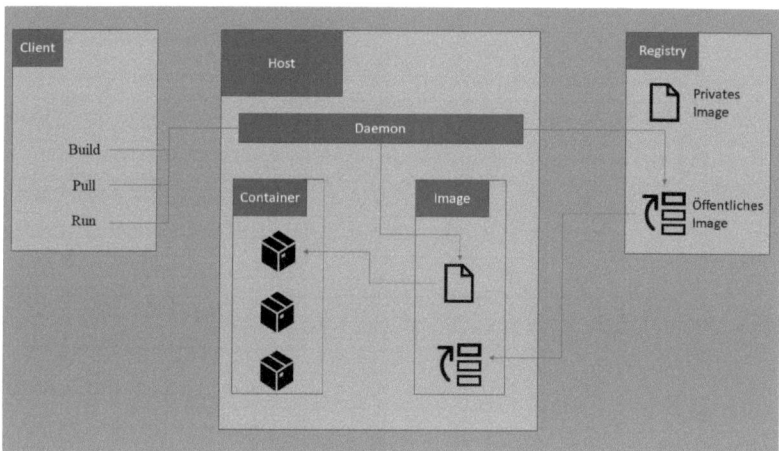

Docker verwendet eine Client-Server-Architektur.[61] Der Daemon verwaltet Container.[62] Beide Komponenten können entweder auf demselben oder auf einem eigenen, dedizierten

---

[56] Vgl. Docker (o. J.), Docker, https://docs.docker.com/get-started/overview/
[57] Vgl. ebd.
[58] Vgl. ebd.
[59] Vgl. ebd.
[60] In Anlehnung an: Docker (o. J.), Docker, https://docs.docker.com/get-started/overview/
[61] Vgl. Docker (o. J.), Docker, https://docs.docker.com/get-started/overview/
[62] Vgl. ebd.

System ausgeführt werden, der Client verbindet sich in beiden Szenarien immer mit dem Daemon.[63]

Die Kommunikation der beiden Komponenten wird durch UNIX-Sockets, durch eine REST-API oder andere Netzwerkschnittstellen realisiert.[64] Folgende Tabelle visualisiert die kollaborierenden Komponenten der Docker Architektur.

Tabelle 3: Komponenten Docker Architektur[65]

Quelle: eigene Darstellung.

Komponente	Beschreibung
Docker-Daemon	Der Docker-Daemon verwaltet Docker-Objekte wie Images, Container und Netzwerke. Daemons können untereinander kommunizieren.
Docker-Client	Der Docker-Client ermöglicht die Interaktion beispielsweise mit dem Docker-Daemon, um Befehle auszuführen. Ein Client kann mit mehreren Docker-Daemons kommunizieren.
Docker-Registry	Die Docker-Registry speichert Docker-Images und bietet zudem den öffentlichen Docker Hub an. Die Erstellung privater Registries ist möglich. Mittels Clients und Befehlen wie beispielsweise „docker pull" können benötigte Images beschafft werden. Der Befehlt „docker push" ermöglicht die Speicherung des gewählten Images in der Registry.
Image	Ein Image ist eine schreibgeschützte Vorlage mit Anweisungen zum Erstellen eines

---

[63] Vgl. ebd.
[64] Vgl. Docker (o. J.), Docker, https://docs.docker.com/get-started/overview/
[65] In Anlehnung an: Docker (o. J.), Docker, https://docs.docker.com/get-started/overview/

	Docker-Containers. Ein Image kann auf einem anderen Image basieren an den Anpassungen vorgenommen wurden.
Container	Ein Container ist die lauffähige Instanz eines Images. Container können über Befehle beispielsweise gestartet, angehalten, verschoben oder gelöscht werden. Standardmäßig ist ein Container von anderen Containern auf seinem Host-Rechner isoliert, die Isolierung kann individualisiert werden. Wird ein Container gelöscht, gehen alle nicht permanent persistierten Zustände verloren.

3.3 Umsetzung

Für die die Umsetzung skalierbarer verteilter Anwendungen unter einer Container-Technologie wird, nach getroffener Definition in *Kapitel 3.1*, ein horizontaler Prototyp entwickelt. Für die Nutzung des Raspis ist auf einer 32GB eMMC Flash Speicherkarte das Betriebssystem, „Debian Buster with Raspberry Pi Desktop Release 2021-January-11" installiert. Hierbei handelt es sich um ein für den Raspberry Pi optimiertes Betriebssystem auf Basis von Debian.[66] Die Administration des Raspis erfolgt durch eine Remotedesktopverbindung, hierzu ist ein Remotedesktop Server zusätzlich installiert.[67] Es sind insgesamt fünf verschiedene Images in der Docker Engine installiert worden. Auf die Umsetzung eines Swarms wird verzichtet, alle folgenden Container sind somit Stand-Alone Container. Die folgende Tabelle veranschaulicht die installierten Images.

---

[66] Vgl. Raspberry Pi Foundation (2021), Raspberry Pi Desktop, https://www.raspberrypi.org/software/raspberry-pi-desktop/
[67] Vgl. Sorg, J. (2021), Remotedesktop, http://xrdp.org/

Tabelle 4: Docker Images auf dem Raspi

Quelle: eigene Darstellung

Komponente (Image Version)	Beschreibung
Debian (latest)	Debian ist ein Open Source Betriebssystem für Desktops oder Netzwerkserver. Debian bildet oftmals für andere Linux-Distributionen die Basis (beispielsweise für Ubuntu).[68]
Ubuntu (latest)	Ubuntu ist ein Betriebssystem auf Basis von Debian und dem Linux-Kernal. Ubuntu ist auf Desktops, ebenso in der Cloud und auf Internet of Things Geräten lauffähig.[69]
Nextcloud (latest)	Nextcloud ist eine Open Source Dateifreigabe- und Synchronisationssoftware.[70]
Httpd (v2.4)	Httpd ist ein Apache Webserver zum Hosten simpler HTML Pages.[71]
Kapacitor (latest)	Kapacitor stellt für die Erstellung von Warnmeldungen ein Open Source Framework bereit. Dies ermöglicht die Ausführung von Jobs zur Konsolidierung verschiedener Daten aus mehreren Quellsystemen in einen Zieldatenbestand.[72]

---

[68] Vgl. Docker (o. J.), debian, https://hub.docker.com/_/debian
[69] Vgl. Docker (o. J.), ubuntu, https://hub.docker.com/_/ubuntu
[70] Vgl. Nextcloud (o. J.), nextcloud, https://docs.nextcloud.com/server/latest/user_manual/en/
[71] Vgl. Docker (o. J.), httpd, https://hub.docker.com/_/httpd
[72] Vgl. Docker (o. J.), kapacitor, https://hub.docker.com/_/kapacitor

Die Images sind auf Basis vordefinierter Images von Github, einem netzbasierten Dienst zur Versionsverwaltung für Software-Entwicklungsprojekte, installiert worden. Folgende Abbildung illustriert die installierten und auf dem Raspi laufenden Docker Images.

Abbildung 5: Docker Images auf dem Raspi

Quelle: eigene Darstellung.

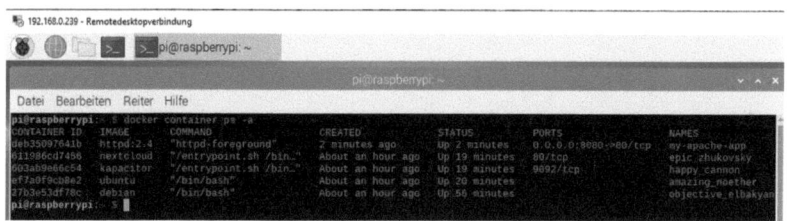

Wie in *Abbildung 5* zu sehen, lauscht dieser auf localhost und den Port 8080. Der Container und somit auch der Webserver können vom Raspi aufgerufen werden. Dies veranschaulicht die folgende Abbildung.

Abbildung 6: Apache Server im Container auf dem Raspi

Quelle: eigene Darstellung.

Das httpd Docker Image beinhaltet eine Default Web Page, welche die Abbildung 6 ebenfalls darstellt. Diese kann nach Bedarf angepasst werden. Nach der in Kapitel 2.1.1 getroffenen Definition ergibt sich für das Anwendungsbeispiel folgende Architektur.

Abbildung 7: Raspi-Docker-Architektur

Quelle: eigene Darstellung.

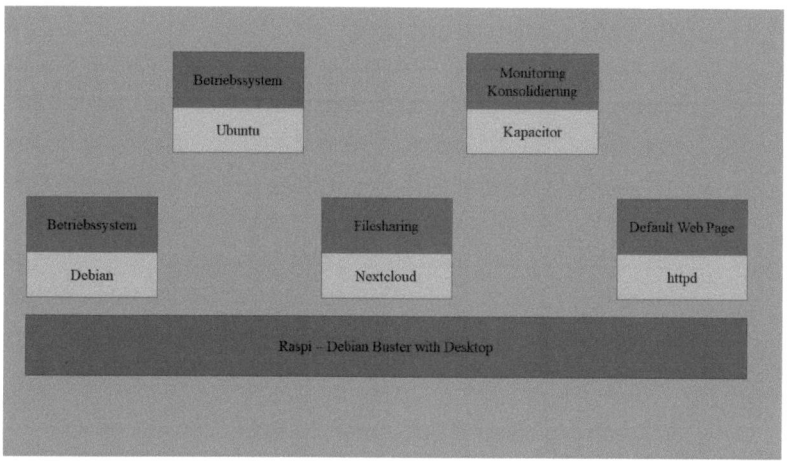

3.4 Kritische Würdigung

Am Beispiel des Raspi konnte sowohl die Docker Engine als auch verschiedene Basisimages ohne großen Aufwand installiert und ausgeführt werden. Die Administration der Container auf dem Raspi durch das CLI ist möglich, allerdings gegenüber einer GUI Anwendung unkomfortable. Durch seine geringen Maße und seinem geringen Energieverbrauch bietet sich der Raspi als portabler Computer an, der beispielsweise durch einen Akku betrieben werden kann. In Kombination mit einem eigenen SIM Kartenmodul oder verbunden mit einem mobilen Hot Spot ist eine volle Portabilität und Mobilität gegeben. Neben der einfachen Installation, Administration und Portabilität ist der Einsatz das Raspi durch die geringe Zahl der Verfügbaren Ressourcen limitiert. Wie in *Abbildung 7* zu sehen, ist ein möglich zwei verschiedene Betriebssysteme sowie einen Cloud Sharing Dienst in unterschiedlichen Containern auf dem Raspi bereitzustellen. Wie sinnhaft bzw. effizient der Einsatz der gegebenen Konstellation in einem Produktivumfeld bzw. durch Nutzung mehrerer User ist, gilt es noch zu evaluieren. Für den Heimgebrauch allerdings, stellt der Raspi mit Containerisierung eine nahezu Out-of-the-Box Umgebung zum Bereitstellen und Nutzen unterschiedlichster Applikationen bereit der ggfs. im Smart Home Verwendung finden könnte.

19

4 Schlussbetrachtung

Das Ziel der Seminararbeit ist zu evaluieren, ob es möglich ist, auf einem Raspberry Pi Prototyp skalierbare verteilte Anwendungen durch Nutzen der Container-Technologie bereitzustellen. Nach den in *Kapitel 2* definierten Grundlagen können Container Stand-Alone oder als Swarm agieren und es spielt keine Rolle, ob die Umgebung sich in der Cloud oder On-Premise befindet. Wie in *Kapitel 3* dargestellt, gelingt die Installation von Docker zur Nutzung von Containern auf einem vorinstallieren Raspi schnell und ohne großen Aufwand. Die Basisimages können wie im Anwendungsbeispiel dargestellt von GitHub bezogen und somit in einem Container ein vollfunktionsfähiges Betriebssystem bereitstellen.

Durch eben jenes Beispiel kann die Forschungsfrage demnach beantwortet werden: es ist möglich auf einem Raspi verteilte Anwendungen durch Nutzen der Container-Technologie bereitzustellen. Allerdings muss gegenüber den Vorteilen des portablen Raspis abgewogen werden, wie sinnhaft der Einsatz des Einplatinencomputers durch seine gegebenen limitieren Ressourcen (CPU/RAM) in einem produktiven Umfeld ist. Wie in *Kapitel 3.4* erwähnt, kann der Raspi mit Containern im Smart Home Einzug finden. Im Anwendungsbeispiel dargestellt, könnte die File Share Applikation (Nextcloud) für die Smart Home Mitglieder containerisiert bereitgestellt werden. Ebenso wäre die Umsetzung des Pi-hole Projekts denkbar, welches einen Out-of-the-Box Werbungsblocker, VPN, DNS und DHCP Service bereitstellt.[73] Die Containerisierung ermöglicht, wie im *Kapitel 3.3* zu sehen, eine schnelle und einfache Bereitstellung von Applikationen oder Services. Durch eben jene gegebenen Eigenschaften nimmt der Einsatz von Containern im Entwicklungs- und Betriebsteam stetig zu, wonach nahezu die Hälfte von Enterprise IT-Unternehmen angegeben haben, Software Container entweder in der Entwicklung oder im Betrieb zu nutzen.[74] Ein Augenmerk muss allerdings auf die Sicherheit der gewählten Komponenten gelegt werden. Offene und bekannte Sicherheitslücken müssen durch ein stetiges Updatemanagement eliminiert werden. Die Restriktion von Ports, Default root- oder Userrechten sowie der API sind unumgänglich. Ebenso können die verwendeten Images schadhaft sein, weshalb der Bezug von einer seriösen Quelle elementar ist. Der Einsatz

---

[73] Vgl. Pi-hole (o. J.), advertisements, https://pi-hole.net/
[74] Vgl. Sysdig (2019), advertisement, https://dig.sysdig.com/c/pf-2019-container-usage-report?x=hJvo1P&utm_source=gated-organic&utm_medium=website&xs=99253, S. 4.

der Containertechnologie kann also für das Smart Home sowie für den Einsatz innerhalb von Enterprise IT-Unternehmen (CI/CD) einen Benefit bzw. auch einen Wettbewerbsvorteil mit sich bringen, ist allerdings müssen mögliche Sicherheitsschwachstellen überwacht und isoliert werden.

Literaturverzeichnis

Raspberry Pi Foundation (o. J.): Raspberry Pi Model 3B+, https://www.raspberrypi.org/products/raspberry-pi-3-model-b-plus/, Abruf 2. März 2021

Quellenverzeichnis

Büst, R. (2016), Container-Technologie, https://t3n.de/magazin/ueber-container-technologie-wissen-musst-docker-gehts-240047/, Abruf: 14 August 2021

Docker (o. J.), debian, https://hub.docker.com/_/debian, Abruf: 31. März 2021

Docker (o. J.), Docker, https://docs.docker.com/get-started/overview/, Abruf: 31. März 2021

Docker (o. J.), httpd, https://hub.docker.com/_/httpd, Abruf: 31. März 2021

Docker (o. J.), kapacitor, https://hub.docker.com/_/kapacitor, Abruf: 31. März 2021

Docker (o. J.), Swarm, https://docs.docker.com/engine/swarm/, Abruf: 31. März 2021

Docker (o. J.), ubuntu, https://hub.docker.com/_/ubuntu, Abruf: 31. März 2021

Docker (o. J.), What is a swarm?, https://docs.docker.com/engine/swarm/key-concepts/, Abruf: 3. April 2021

Kuhrmann, Marco (2012), Prototyping, https://enzyklopaedie-der-wirtschaftsinformatik.de/lexikon/is-management/Systementwicklung/Vorgehensmodell/Prototyping/index.html, Abruf: 1. März 2021

Nextcloud (o. J.), nextcloud, https://docs.nextcloud.com/server/latest/user_manual/en/, Abruf: 9. April 2021

Pi-hole (o. J.), advertisements, https://pi-hole.net/, Abruf: 11. April 2021

Raspberry Pi Foundation (2021), Raspberry Pi Desktop, https://www.raspberrypi.org/software/raspberry-pi-desktop/, Abruf: 2. April 2021

RedHat (o. J.), Linux-Container, https://www.redhat.com/de/topics/containers/whats-a-linux-container, Abruf 20. März 2021

RedHat (o. J.), Vergleich: Container oder VMs?, https://www.redhat.com/de/topics/containers/containers-vs-vms, Abruf: 22. März 2021

RedHat (o. J.), Was ist Container-Orchestrierung?, https://www.redhat.com/de/topics/containers/what-is-container-orchestration, Abruf: 23. März 2021

Sorg, J. (2021), Remotedesktop, http://xrdp.org/, Abruf 20. März 2021

Sysdig (2019), container usage, https://dig.sysdig.com/c/pf-2019-container-usage-report?x=hJvo1P&utm_source=gated-organic&utm_medium=website&xs=99253, Abruf: 11. April 2021

Anhang

Befehlssammlung:

Installation von Docker auf dem Raspi	curl -fsSL https://get.docker.com -o get-docker.sh
Start von Docker	sh get-docker.sh
Docker Befehle als „nicht root" ausführen (Umgebungsvariable $myUser ersetzen)	sudo usermod -aG docker $myUser
Test, ob Docker richtig installiert ist	docker container run hello-world
Suche nach Dockerimage (am Beispiel httpd)	docker search httpd
Docker Container starten und interagieren	docker container run -it debian /bin/bash
Auflisten aller laufenden Container	docker container ls
Auflisten aller Container	docker container ls -a
Löschen eines Containers via ID	docker container rm 24bafa84ac16